LUCIEN HERVÉ

Lucien Hervé

Introduction d'Olivier Beer

PHOTO POCHE • *ACTES SUD*

*La collection Photo Poche a été publiée
de 1982 à 1996 par le Centre national de la photographie
avec le concours du ministère de la Culture.
Robert Delpire qui l'a créée en assure la direction,
en collaboration avec Benoît Rivero, directeur adjoint.*

Légende de la couverture :
Pilotis, Unité d'habitation de Nantes-Rezé,
Le Corbusier architecte, 1954
© J. Paul Getty Trust, The Getty Research Institute, Los Angeles
© ADAGP/Fondation Le Corbusier

Ouvrage réalisé avec la collaboration du Studio Delpire,
achevé d'imprimer en mai 2013
sur les presses de Gibert Clarey à Chambray-lès-Tours

Imprimé en France / Printed in France

De prime abord on pourrait croire que Lucien Hervé est en tout point opposé à la rigueur d'un Henri Cartier-Bresson. Oui, si l'on songe que Lucien Hervé ne s'est jamais interdit de tailler et retailler dans une image, ce qui lui a fait répondre à Le Corbusier qui lui demandait avec quoi il photographiait : "Avec une paire de ciseaux !" Mais non, Lucien Hervé n'est pas l'opposé d'Henri Cartier-Bresson ; tous deux construisent leurs images avec une extrême rigueur et un sens parfait de la géométrie. En effet Lucien Hervé est avant tout un homme de rigueur, tant géométrique que morale. Et si, quand il reprend son Rolleiflex en 1947 pour réaliser sa série *Paris Sans Quitter ma Fenêtre*, ses photographies peuvent évoquer celles d'un autre grand photographe – d'origine hongroise lui aussi –, André Kertész, celles de Lucien Hervé, par leur découpage, cherchent toujours à souligner la géométrie des formes, la géométrie du moment. À propos de Kertész, tout le monde connaît ses photographies prises dans l'appartement de Mondrian. Lucien Hervé n'a, lui, jamais eu la chance ni de photographier Mondrian, ni de photographier son atelier. Et c'est bien dommage car les photographies de Kertész évoquent immanquablement l'atmosphère des natures mortes des siècles passés alors que Lucien Hervé a, pour sa part, toujours baigné dans l'œuvre de Mondrian (au point de reproduire une composition mondrianesque au plafond de son salon, rue Vineuse à Paris).

Rien d'étonnant que nous soyons amenés à parler de peinture plutôt que de photographie en évoquant Lucien Hervé. Son œil est avant tout l'œil d'un peintre et ses références doivent être recherchées dans la peinture, que ce soit dans le cubisme ou dans le travail d'un Pierre Soulages, bien plus que dans l'histoire de la photographie. D'ailleurs Lucien Hervé songeait à devenir peintre et ce sont les hasards et les vicissitudes de l'histoire qui l'ont poussé vers la photographie, sans que jamais il n'ait été amené à le regretter.

La modernité de Lucien Hervé, il faut la chercher dans le cinéma tout autant que dans la peinture. Serge Eisenstein et Dziga Vertov sont des références constantes et conscientes du photographe. C'est d'abord à Eisenstein qu'il doit son esthétique du détail ; pour Lucien Hervé un détail exprime l'ensemble mieux que l'ensemble lui-même. Mais il ne faut pas se tourner uniquement vers le cinéma soviétique, le cinéma expressionniste allemand fut également source d'inspiration pour Lucien Hervé. D'ailleurs c'est Le Corbusier qui le surnommera "Docteur Caligari"...

Lucien Hervé ne s'intéresse pas plus à l'anecdote qu'il ne tente d'évoquer un souvenir. Ce qui l'intéresse en premier lieu, c'est de construire une image. Construire est d'ailleurs un de ses maîtres mots. Pas étonnant donc qu'à compter de 1949 il soit devenu le photographe quasi attitré de Le Corbusier. Même s'il n'a pas appris l'architecture avec Le Corbusier mais avec la tour Eiffel, à la fin des années 1930. Et pour en revenir à ce *détail* que nous évoquions à propos d'Eisenstein, à ceux qui peuvent parfois lui reprocher de trop s'attacher au détail, c'est Le Corbusier qui apporte la plus belle des réponses dans sa préface de *La Plus Grande Aventure du monde*, expliquant, à propos des photographies de Lucien Hervé, que "le détail et l'ensemble sont un".

J'allais écrire que ce qui caractérise l'œuvre – et la vie – de Lucien Hervé, c'est sa rigueur. Mais je me corrige, la rigueur ET l'humanité. Pour ainsi dire il tranche et caresse tout à la fois. Comme chez Mondrian, il y a chez Lucien Hervé cette pureté et cette sensualité. Car on ne peut vraiment saisir la peinture de Mondrian si l'on ignore que le peintre était un grand amateur de jazz qui n'aimait rien tant que danser au rythme de ces musiques. Chez Lucien Hervé, il y a en plus cette haute conscience sociale qui, par-delà le pur souci de montrer, le pousse de manière quasi didactique à expliquer et à faire comprendre. Faire comprendre la volonté profonde de l'architecte, faire comprendre le monde. Non seulement montrer le bâtiment mais le dire. Il n'est du reste pas étonnant que Lucien Hervé ait été appelé à faire partie de jurys d'architecture. Pour les architectes, il est l'un des leurs. De l'œil de l'architecte il est, pour ainsi dire, devenu l'architecte.

Pourtant il serait faux de vouloir résumer l'œuvre de Lucien Hervé à la seule photographie d'architecture. Il est également le photographe de la solitude, le photographe de l'homme seul ; l'homme seul à l'instar d'un Giacometti et de son *Homme qui marche*.

L'homme seul dans son anonymat et donc dans son universalité. L'homme seul qui jamais ne regarde l'objectif. Comme si la particularité de son regard l'identifiant le dénonçait, lui faisant ainsi perdre de son universalité. Par exemple pour l'"'Accusateur", Lucien Hervé obscurcit volontairement la partie supérieure du visage, lui retirant toute possibilité d'anecdote. Mais ce faisant il découpe son visage comme l'ombre vient découper la pierre.

Ce "Photo Phoche", à travers quelques images de prime abord éloignées du langage de Lucien Hervé, nous fait au contraire toucher du doigt le secret du photographe. Il nous donne à voir son travail dans sa totalité, travail de commande tout autant que travail artistique. Ainsi les photographies n° 35, 36 et 38 nous livrent le versant purement documentaire qui est également exigé du photographe d'architecture. Nulle ombre, nul essai de composition et de recomposition, un travail purement frontal qui, *a contrario*, nous permet d'entrevoir la force et l'inventivité de toutes les autres photographies. Pour mieux saisir encore le travail de Lucien Hervé nous pouvons nous attarder sur la photographie du garçon dans sa petite voiture dans les jardins du Palais-Royal à Paris. Certes, nous ne sommes pas confrontés au regard de l'enfant. Il n'empêche, cette image purement anecdotique relève d'une certaine photographie réaliste française. Elle m'évoque celle du parfait titi parisien tenant fièrement ses bouteilles de vin, photographie que j'ai longtemps prise pour une image emblématique de Robert Doisneau. En effet, rien dans cette photographie ne laisse deviner la force de composition d'un Henri Cartier-Bresson. Et pourtant, à travers cette image doisnesque nous pouvons mieux voir ce qui, dans le reste de son travail, sépare Henri Cartier-Bresson de Robert Doisneau.

Pour conclure, je voudrais évoquer une anecdote. J'étais dans le métro, à la station Passy, la station où je descendais pour aller rendre visite à Lucien Hervé, quand j'entendis, par le plus pur des hasards, un architecte américain, debout dans le wagon, dire en anglais à un autre architecte : "J'aimerais que l'on photographie mes bâtiments comme Lucien Hervé a photographié Le Corbusier…" J'ai hésité à me présenter mais je n'ai rien dit, la phrase était trop belle, il n'y avait rien à ajouter.

Olivier Beer

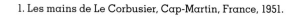

1. Les mains de Le Corbusier, Cap-Martin, France, 1951.

2. PSQF (Paris Sans Quitter ma Fenêtre), Paris, 1947.

3. Tour Eiffel, Paris, 1945.

4. Mantes-la-Jolie, France, 1947.

Pages suivantes : 5. Sous les arcades du Palais-Royal, Paris, 1953.

6. Guichets du Louvre, Paris, 1948.

7. PSQF (Paris Sans Quitter ma Fenêtre), Paris, 1947.

8. PSQF (Paris Sans Quitter ma Fenêtre), Paris, 1947.

9. PSQF (Paris Sans Quitter ma Fenêtre), Paris, 1948.

10. Cycliste, Paris, 1938.

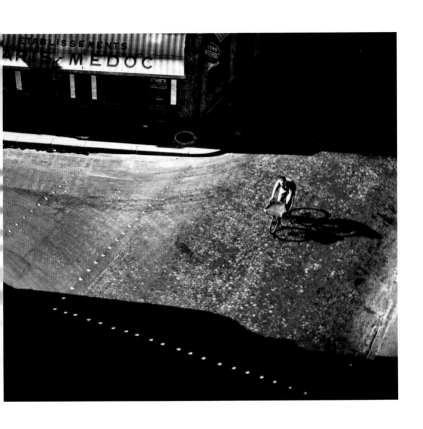

11. Lucky en robe Dior, Paris, 1948.

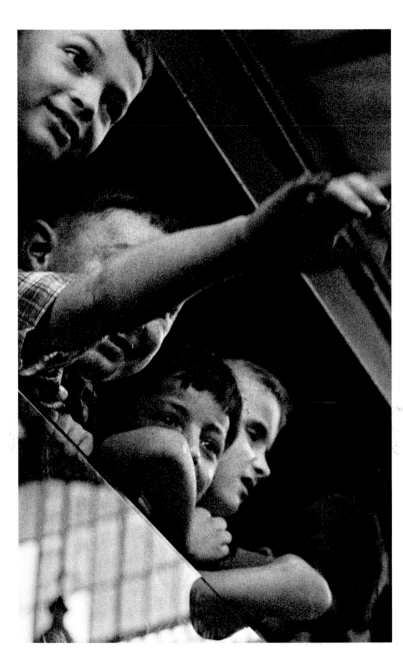

13 et 14. Gare du Nord, Paris, 1949.

15. Accusateur, Inde, 1955.

16. Abbaye du Thoronet, France, 1951.

17. Abbaye du Thoronet, France, 1951.

18. Abbaye du Thoronet, France, 1954.

19. Jeune Indienne, Inde, 1955.

20. Henri Matisse, Nice, 1949.

21. Biarritz, 1947.

22. Escurial, Espagne, 1959.

23. Escurial, Espagne, 1959.

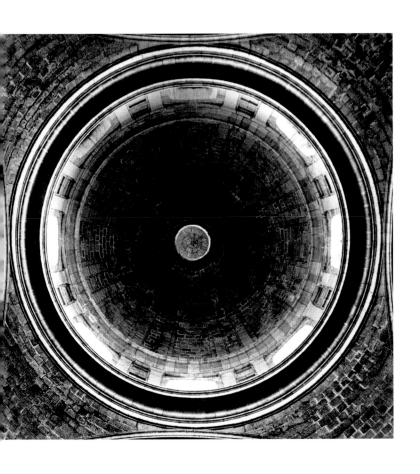

24. Construction de l'Unité d'habitation de Marseille,
Le Corbusier architecte, 1949.

25. Chapelle Notre-Dame-du-Haut, Ronchamp, France,
Le Corbusier architecte, 1953.

Pages suivantes : 26. Planche-contact : chapelle Notre-Dame-du-Haut,
Ronchamp, France, Le Corbusier architecte, 1953.

E 111-36   362

E 111-176   363

E 1

E 111-121   367

E 111-117   368

E

E 111-58   372

E 111-232

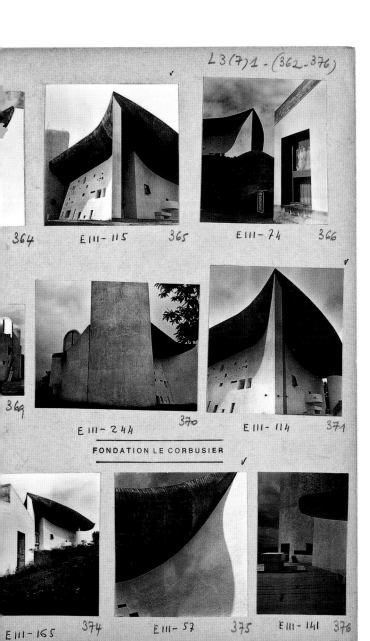

L3(7)1 . (362-376)

364

E III - 115   365

E III - 74   366

369

E III - 244   370

E III - 114   371

FONDATION LE CORBUSIER

E III - 165   374

E III - 57   375

E III - 141   376

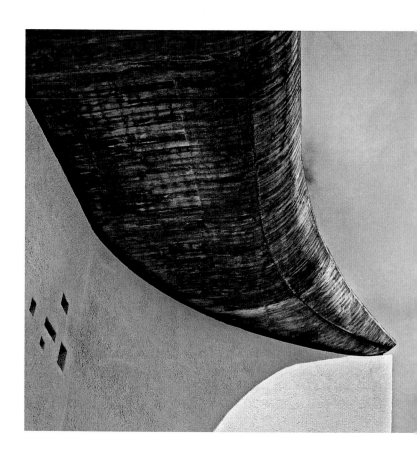

27 et 28. Chapelle Notre-Dame-du-Haut, Ronchamp, France,
Le Corbusier architecte, 1953.
© J. Paul Getty Trust, The Getty Research Institute, Los Angeles.
© ADAGP/Fondation Le Corbusier.

29. Loggia, Unité d'habitation de Marseille,
Le Corbusier architecte, 1949.

30. Pilotis, Unité d'habitation de Nantes-Rezé,
Le Corbusier architecte, 1954.

31. Construction de l'Unité d'habitation de Marseille,
Le Corbusier architecte, 1949.

32. Caserne des Tourelles, Paris, 1939.

33. Toit-terrasse, Unité d'habitation de Nantes-Rezé,
Le Corbusier architecte, 1954.

34 et 35 (pages suivantes) : Observatoire de Jaipur, Inde, 1961.

37. La Haute Cour de justice, intérieur, Chandigarh, Inde,
Le Corbusier architecte, 1955.

Pages suivantes : 38. Persépolis, Iran, 1962.

39. Le Corbusier devant sa sculpture *Le Totem*,
rue Nungesser-et-Coli, Paris, 1950.

42. Le café du petit matin, Paris, 1948.

Pages suivantes : 43. La Haute Cour de justice, Chandigarh, Inde,
Le Corbusier architecte, 1955.

44 et 45 (pages suivantes) : Cathédrale de Brasília, Brésil, 1961
(architecte : Oscar Niemeyer).

46. Brasília, Brésil, 1961 (architecte : Oscar Niemeyer).

Pages suivantes : 47. Le palais des Filateurs, Ahmedabad, Inde,
Le Corbusier architecte, 1955.

48. Fatehpur Sikrī, Inde, 1955.

Pages suivantes : 49. Jaipur, Inde, 1955.

50. Immeuble à Paris. Mur-rideau de Jean Prouvé, Paris, 1953.

51. Observatoire de Jaipur, Inde, 1961.

53. Gérone, Espagne, 1953.

54. Chapelle Notre-Dame-du-Haut, Ronchamp, France,
Le Corbusier architecte, 1954.

cs.66   347

cs_65

cs_50   351

cs_45

cs_63   355   c

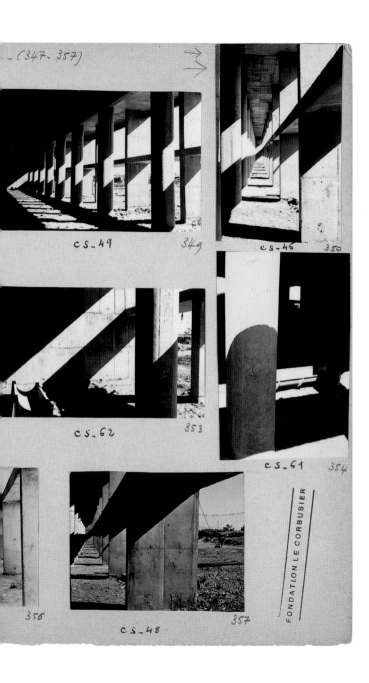

CS_49   349

CS_46   350

CS_62   353

CS_61   354

356   357

CS_48

FONDATION LE CORBUSIER

58. Le pavillon Philips, Bruxelles, Le Corbusier architecte, 1958.
© J. Paul Getty Trust, The Getty Research Institute, Los Angeles.
© ADAGP/Fondation Le Corbusier.

59. Université de Saint-Gall, Suisse, 1964 (architecte : W. M. Förderer).

60. Unesco, Paris, 1955
(architectes : Marcel Breuer, Pier Luigi Nervi, Bernard Zehrfuss).

61. Unesco, Paris, 1955
(architectes : Marcel Breuer, Pier Luigi Nervi, Bernard Zehrfuss).

62. Escurial, Espagne, 1959.

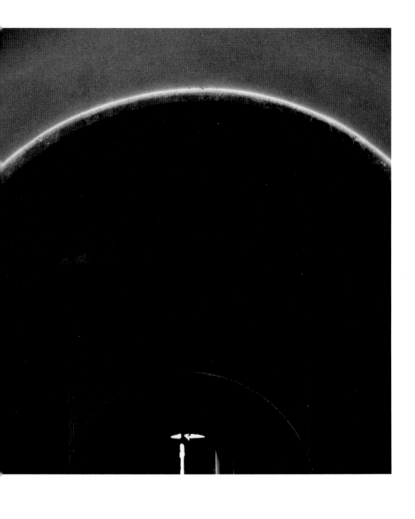

63. Maquette de Jean Prouvé, Nancy, 1951.

64. Éléments de construction, Jean Prouvé, Nancy, 1951.

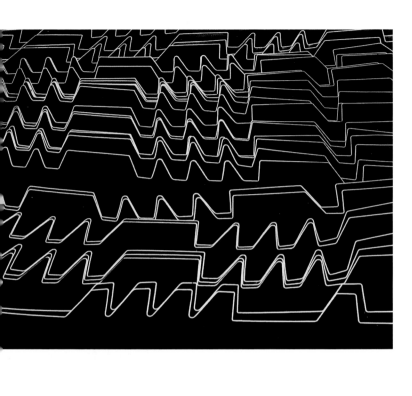

65. Escurial, Espagne, 1959.

66. Caserne des pompiers, Bordeaux, 1963
(portes métalliques de Jean Prouvé).

67. Panneau d'aluminium de Jean Prouvé, 1956.

68. Hôpital Sul America, Rio de Janeiro, Brésil, 1961
(architecte : Oscar Niemeyer).

69. Autoportrait, Paris, 1938.

BIOGRAPHIE

1910. 7 août, naissance de László Elkán à Hódmezővásárhely, en Hongrie.

1920. Début des études de piano.

1923. Il commence à pratiquer la lutte gréco-romaine ainsi que beaucoup d'autres sports de compétition.

1928. Baccalauréat. Départ pour Vienne où il fait des études d'économie politique. Parallèlement, il suit des cours de dessin à l'Académie des beaux-arts.

1929. Il rejoint son frère à Paris et fréquente assidûment les musées.

1932. Il travaille comme modéliste pour des maisons telles que Patou, Rochas, Lelong, Paquin, Worth, etc.

1934. Membre de l'équipe de France de volley-ball qui bat l'Allemagne en compétition officielle. Il adhère au Parti communiste français (PCF).

1935. Très actif lors des grèves dans la haute couture. Il est permanent syndical (CGT) puis élu secrétaire général de l'Union des syndicats du 8ᵉ arrondissement de Paris.

1937. Naturalisé français.

1938. Il est exclu du Parti communiste français. Il commence à travailler avec Nicolas Müller, photographe hongrois, en qualité de rédacteur des textes des reportages photographiés pour *Marianne Magazine*. En septembre, à la suite des accords de Munich, Müller quitte la France.

1939. Après le départ de Müller, il devient lui-même reporter-photographe pour *Marianne Magazine*. Appelé sous les drapeaux, au 5ᵉ régiment d'infanterie, il est photographe de l'armée sous les ordres du colonel de Lattre de Tassigny.

1940. Le 4 juin, il est fait prisonnier sur la plage de Dunkerque. Prisonnier de guerre à Hohenstein (Prusse-Orientale). Pendant sa captivité, il s'initie à la peinture. Porte-parole de la Résistance du camp de prisonniers.

1941. Il s'évade en septembre et rejoint l'armée secrète à Grenoble. Responsable des ravitaillements des chantiers de haute montagne, il rejoint ensuite le maquis du Vercors. Il se fait appeler Lucien Hervé dans la Résistance. Continue de peindre.

1943. Réintégré au sein du PCF clandestin. Il est appelé à Paris pour diriger l'activité clandestine du MNPGD (Mouvement national des prisonniers de guerre et des déportés).

1945. Il travaille à la direction du MNPGD. Adjoint du président de la Croix-Rouge française.

1947. Exclu du PCF. Il travaille épisodiquement comme affichiste de cinéma. Il recommence à photographier et collabore avec les magazines *France Illustration*, *Point de vue*, *Regards*, *Lilliput*.

1949. Il fait la connaissance du révérend père Couturier et collabore à la revue *Art sacré*. À la suite de son reportage sur l'Unité d'habitation de Le Corbusier à Marseille, l'architecte lui écrit : "vous avez l'âme d'un architecte", et lui demande de devenir son photographe.

1950. Début de la collaboration avec les revues d'architecture *Domus* et *Casabella*.

1950-1955. Il photographie régulièrement pour Le Corbusier et pour de nombreux autres architectes et créateurs : Alvar Aalto, Marcel Breuer, Kenzo Tange, Richard Neutra, Oscar Niemeyer, Aulis Blomstedt, Bernard Zehrfuss, Jean Balladur, Georges Candilis, Henri Pingusson, Michel Écochard, Jean Prouvé, Charlotte Perriand.

1955. Il accompagne Le Corbusier à Chandigarh et à Ahmedabad en Inde. Il collabore en tant que photographe et auteur avec les revues *L'Architecture d'aujourd'hui, Aujourd'hui, Arts et architecture, Jardin des arts, Courrier des Messageries maritimes.*

1959. Il photographie l'Escurial et l'architecture populaire méditerranéenne en Espagne pour l'éditeur catalan Ramon Julia.

1961. Deuxième voyage à Chandigarh. Il visite et photographie la Grèce, la Turquie, le Sri Lanka, le Cambodge, le Japon, les États-Unis, le Mexique, le Pérou et le Brésil.

1962. Il photographie les sites archéologiques en Syrie, au Liban et en Iran pour la direction de l'Institut d'archéologie au Moyen-Orient.

1965. Premiers signes de la sclérose en plaques. Mort de Le Corbusier. Il commence à collaborer avec la revue d'architecture *Carré bleu*.

1966-1970. Il réalise des collages en utilisant souvent ses propres photographies. Il continue ses recherches sur l'abstraction en photographie, commencées dès le début des années 1950.

1970. Il voyage en Belgique pour réaliser avec Pierre Puttemans les photographies d'un livre sur l'architecture moderne en Belgique,

souvent accompagné et aidé par son fils. À partir des années 1970, membre de nombreux jurys de diplômes d'écoles d'architecture où il tient également des conférences concernant l'architecture et la photographie.

1985. À l'occasion de son exposition au musée Réattu dans le cadre des Rencontres internationales de la photographie d'Arles, il reçoit la médaille de la ville d'Arles.

1988. Mention spéciale du jury du Mois de la Photo à Paris, à la suite de son exposition dans la Grande Halle de la Villette.

1992. Chevalier de la Légion d'honneur.

1993. L'Académie d'architecture de la ville de Paris lui remet la médaille des Arts plastiques.

1994. Chevalier des Arts et des Lettres.

2000. Grand Prix de photographie de la ville de Paris.

2001. Il est élu membre de l'Académie des arts et des lettres "Széchenyi" à Budapest.

2004. À la mémoire de leur fils Rodolf, il initie, avec son épouse Judith, le prix Lucien Hervé et Rodolf Hervé décerné tous les deux ans depuis.

2007. Il décède le 26 juin à Paris dans sa 97ᵉ année.

BIBLIOGRAPHIE (sélection)

Le Corbusier : Œuvre complète 1946-1952, sous la direction de Willy Bœsiger, Girsberger, Zurich, Suisse, 1953. (Les photographies composant ce volume sont presque entièrement de Lucien Hervé.)

La Plus Grande Aventure du monde, préface de Le Corbusier, texte de François Cali, Arthaud, Grenoble, France, 1956 ; édition anglaise : *Architecture of Truth*, Thames & Hudson,

Londres, 1957 ; édition américaine : *The Architecture of Truth*, Braziller, New York, 1957.

Le Corbusier : Œuvre complète 1952-1957, Girsberger, Zurich, Suisse, 1957. (La plupart des photographies sont de Lucien Hervé.)

Das Unesco-Gebäude in Paris, Gerd Hatje, Stuttgart, Allemagne, 1958 ;

édition française : *Le Siège de l'Unesco*, Vincent et Fréal, Paris.

Masters of the World Architecture. Le Corbusier, texte de Françoise Choay, Braziller, New York, 1960.

Le Corbusier. Textes et planches, préface de Maurice Jardot, Vincent et Fréal, Paris, 1960. (La plupart des photographies sont de Lucien Hervé.)

Le Corbusier. Mein Werk, préface de Maurice Jardot, Gerd Hatje, Stuttgart, Allemagne, 1960 ; édition en fac-similé en 2001.

Le Corbusier : Œuvre complète 1957-1965, sous la direction de Willy Bœsiger, Girsberger, Zurich, Suisse, 1965 (59 photographies de Lucien Hervé).

Le Corbusier : Œuvre complète 1910-1965, Girsberger, Zurich, Suisse, 1967 (45 photographies de Lucien Hervé).

Építészet és fénykép ("Architecture et photographie"), Akadémiai Kiadó, Budapest, 1968.

Le Corbusier – Kinder der Strahlender Stadt, Gerd Hatje, Stuttgart, Allemagne, 1968 ; version française : *Le Corbusier – Les maternelles*, Gerd Hatje, Stuttgart, Allemagne.

Le beau court la rue, GERIM, Paris, 1970.

Le Corbusier, l'artiste, l'écrivain, Griffon, Neuchâtel, Suisse, 1970 ; version anglaise : *Le Corbusier, as Artist, as Writer*, Griffon, Neuchâtel, Suisse.

Le Corbusier : Les Dernières Œuvres, Girsberger, Zurich, Suisse, 1970. (Nombreuses photographies de Lucien Hervé.)

Esthétique de l'architecture contemporaine, texte de Michel Ragon, coll. "Arts plastiques du XXᵉ siècle", Griffon, Neuchâtel, Suisse, 1970. (Nombreuses photographies de Lucien Hervé.)

Architecture moderne en Belgique, texte de Pierre Puttemans, Marc Vokaer Publishers, Bruxelles, 1974 ; éditions flamande (1975) et anglaise (1976).

Az építészet nyelve ("Langage de l'architecture"), Corvina Kiadó, Budapest, 1983.

Le Corbusier, Phot'œil, Paris, 1987 (portfolio).

Le Corbusier – Agenda 1988, texte de Gilbert Bornat, Connivences, Paris, 1988.

Lucien Hervé, texte de Michel Ragon, Le Moniteur, Paris, 1988 (portfolio).

Tour Eiffel (avec Rodolf Hervé), Paris, 1989 (portfolio).

Lucien Hervé, entretien avec Attila Batár, Héttorony Kiadó, Budapest, 1992.

Tirages d'époque : 1938-1962, galerie Taisei, Tokyo, 1992 (catalogue).

De essentie van het fragment, textes de Tjeerd Boersma, Liane Lefaivre, Margit Tamás, Alexandre Tzonis, Nederlands Architectuurinstituut, Rotterdam, Pays-Bas, 1992 (catalogue).

Intimité et immensité, poèmes et texte de Bernard Noël, Téménos, Paris, 1994.

The Soul of an Architect, texte de Zaha Hadid, Michel Hoppen Photography, Londres, 1998 (catalogue).

Das Geschichte als Architekt ("L'histoire comme architecte"), texte d'Attila Batár, Mölker Verlag, Vienne, 1999 ; édition hongroise (2001).

Les Constructeurs ; Paris ; Enfance ; Le Corbusier ; Jean Prouvé, poèmes et textes d'Olivier Beer, Forum des Arts, Paris, 1999 (portfolios).

Lucien Hervé. L'homme construit, texte d'Olivier Beer, Le Seuil, Paris, 2001 ; éditions allemande (2002) et américaine (2004).

Architecture de vérité, préface de
Le Corbusier, postface de John Pawson,
Phaidon, Londres, 2001 ; édition
anglaise (2001).

Le Corbusier. Mein Werk, préface
de Maurice Jardot, Fondation
Le Corbusier/Gerd Hatje,
Paris/Stuttgart, 2001.

Amis inconnus, textes de Noël Bourcier
et Pierre Borhan, Filigranes, Trézélan,
France, 2002.

The Eiffel Tower, texte de Barry Bergdoll,
Princeton Architectural Press,
New York, 2003.

Lucien Hervé. L'œil de l'architecte,
textes de Barry Bergdoll, Véronique
Boone et Pierre Puttemans, CIVA,
Bruxelles, 2005.

Lucien Hervé, Keitelman Gallery,
Bruxelles, 2005 (portfolio).

*Brasília, Chandigarh, Le Havre.
Portraits de villes*, textes d'Élisabeth
Chauvin et Pierre Gencey, musée
Malraux/Somogy Éditions d'Art,
Le Havre/Paris, 2007 (catalogue).

*Architettura in immagini. Lucien
Hervé fotografa Le Corbusier*, Palazzo
Te 1525/Skira, Milan, Italie, 2009
(catalogue).

*Le Corbusier/Pierre Jeanneret.
L'Aventure indienne/The Indian
Adventure. Design – art – architecture*,

textes d'Éric Touchaleaume et Gérald
Moreau, éditions Éric Touchaleaume
Galerie 54, Paris, 2010.
(Nombreuses photographies de
Lucien Hervé.)

Jean Prouvé. Structures nomades 1957,
textes d'Éric Touchaleaume et Gérald
Moreau, éditions Éric Touchaleaume
Galerie 54, Paris, 2010 (catalogue).
(Nombreuses photographies de
Lucien Hervé.)

Lucien Hervé 100, texte d'Imola Gebauer,
Szépművészeti Múzeum, Budapest,
2010 (catalogue).

Le Corbusier/Lucien Hervé : Contacts,
textes de Béatrice Andrieux, Quentin
Bajac, Michel Richard, Jacques Sbriglio,
Le Seuil, Paris, 2011 ; édition anglaise :
*Le Corbusier & Lucien Hervé.
The Architect and the Photographer.
A Dialogue*, Thames & Hudson, Londres ;
édition américaine : *Le Corbusier &
Lucien Hervé : A Dialogue Between
Architect and Photographer*,
The Getty Institute, Los Angeles,
États-Unis ; édition allemande :
Le Corbusier/Lucien Hervé : Kontakte,
Schirmer/Mosel, Munich, Allemagne.

Lucien Hervé, entretien avec Hans
Ulrich Obrist, Manuella Éditions,
Paris, 2011.

*Construire l'image : Le Corbusier
et la photographie*, préface de Norman
Foster, Thames & Hudson, Londres,
2012 (catalogue).

PRINCIPALES EXPOSITIONS

Expositions personnelles

1951. *Une ville, deux architectures*,
Domus, Milan, Italie.

1958. *Image de l'architecture,
architecture de l'image*, espace Kodak,
Paris.

1963. *Langage de l'architecture*, musée
des Arts décoratifs, Paris ; Suomen

Rakennustaiteen Museo, Helsinki ;
musée des Arts décoratifs, Budapest ;
Kunstmuseum, Saint-Gall, Suisse (1964) ;
Kunstindustrimuseet, Oslo (1964) ;
Hôtel de ville, Stuttgart, Allemagne
(1965) ; Technische Hochschule,
Darmstadt, Allemagne (1965) ; Colegio
de Architectos de Cataluna y Baleares,
Barcelone, Espagne (1965) ; musée
d'Art contemporain de Macédoine,
Skopje (1966).

1964. *Architecture paysanne, antique et moderne*, Bibliothèque nationale de France, Paris.
L'Architecture vue par un poète et un photographe, château d'Annecy, France.

1966. *Le Corbusier*, musée des Arts décoratifs, Paris.

1967. *Le beau court la rue*, maison de la culture, Amiens, France ; maison de la culture, Le Havre, France (1968).

1969. *L'Insignifiant dans la vision moderne*, abbaye de Royaumont, France.

1974. *Fatehpur Sikrī*, Building Center, Londres ; Suomen Rakennustaiteen Museo, Helsinki (1976) ; École spéciale d'architecture, Paris (1977) ; Institut des relations culturelles, Budapest (1978) ; Institut français de New York et nombreuses universités aux États-Unis (1979-1980).

1979. *Le Corbusier*, galerie Artcurial, Paris ; National Museum of Fine Arts, La Valette, Malte (1980).

1985. *Lucien Hervé*, galerie municipale du Château d'Eau, Toulouse, France.
La Perception de l'architecture, musée Réattu, Rencontres internationales de la photographie d'Arles, France.

1986. *Lucien Hervé, architecture de prestige*, musée de l'Architecture, Liège, Belgique.

1987. *Le Corbusier*, Institut français, Barcelone, Espagne ; Galerie municipale, Belfort, France ; Fête de l'Humanité, Paris.
Image de l'architecture, architecture de l'image, ARPA galerie, Bordeaux, France.

1988. Festival du Trégor, Lannion, France.
Rétrospective Lucien Hervé, Mois de la Photo, Grande Halle de la Villette, Paris.

1989. *Lucien Hervé rétrospective*, Budapest Galéria, Budapest.

1991. *Le Paris de l'après-guerre*, Fnac, Paris, Grenoble, Lyon, Montpellier, Rennes, Toulouse, Berlin, Bruxelles (1991-1997).

1992. *De essentie van het fragment*, Nederlands Architectuurinstituut, Rotterdam, Pays-Bas.
Cette exposition circule ensuite jusqu'en 1996 dans différents instituts d'architecture européens.
Le Corbusier, galerie Taisei, Tokyo.

1993. *Le Corbusier : ombre et lumière*, galerie Camera Obscura, Paris.

1994. *Capitales d'empires. Persépolis – Fatehpur Sikrī*, galerie Camera Obscura, Paris.
Lucien Hervé, cinquante ans de photographies d'architecture, atelier du CAUE, Lyon, France.

1995. *Siège de l'Unesco : passé et futur*, Unesco, Paris.

1996. *Chapelle de Ronchamp de Le Corbusier*, galerie de l'université de Washington, Saint Louis, États-Unis.
L'Architecture de Le Corbusier, centre culturel Casa Abadia de la Fondation Caixa Castello et Bibliothèque de l'université Jaume, Espagne.

1997. *Lucien Hervé, photographe d'architecture*, Colegio de Architectos de Cataluna y Baleares, Barcelone, Espagne.
*Architecture de Le Corbusier.
Photographies de Lucien Hervé*, hôtel du département du conseil général des Bouches-du-Rhône, Marseille, France.
Tirages d'époque : 1938-1962, galerie Camera Obscura, Paris.
Lucien Hervé – Architekturfotografien, Vitra Design Museum, Weil-am-Rhein, Allemagne.

1998. *Le Corbusier by Lucien Hervé*, Michael Hoppen Photography, Londres.
Lucien Hervé, Gallery 292, New York.

1999. *Lucien Hervé. Architecture de l'ombre. Le beau court la rue,* Rencontres internationales de la photographie d'Arles, abbaye de Montmajour, Arles, France.
L'Architecture d'un regard. Photographies de Lucien Hervé, galerie Laurent Herschtritt, Paris.
Jean Prouvé, Galerie 54, Paris.

2000. *L'Appartement,* Galerie du Jour – agnès b., Paris.

2002. *Lucien Hervé,* rétrospective, Patrimoine photographique, hôtel de Sully, Paris ; Deichtorhallen, Hambourg, Allemagne.
Da Le Corbusier a Cnosso. Fotografie di architettura di Lucien Hervé, Galleria Via Larga, Florence, Italie.
Lucien Hervé. L'espace créé, L'Été photographique de Lectoure, Lectoure, France.

2005. *Lucien Hervé, l'œil de l'architecte,* CIVA, Bruxelles.

2006. *Le Corbusier – Lucien Hervé. L'harmonie du photographe avec l'architecte,* galerie Taisei, Tokyo.

2007. *Construction – Composition / Le Corbusier – Lucien Hervé,* Fondation Le Corbusier, Paris ; *Le Corbusier e Lucien Hervé / Construção – Composição,* Museu Colecção Berardo Arte Moderna e Contemporānea, Lisbonne (2008).
Rétrospective Lucien Hervé, galerie Camera Obscura, Paris.
In memoriam Lucien Hervé, Galerie du Jour – agnès b., Paris.
Lucien Hervé, Erdész & Makláry Fine Arts, Budapest.

2008. *Lucien Hervé. Photographies,* chapelle Bacchus, Besançon, France.
Photographies de Paris et portraits d'artistes, Maison des photographes hongrois Mai Manó, Budapest.
Lucien Hervé – The Soul of an Architect, Michael Hoppen Photography, Londres.

2009. *The Lens of Architecture. Ronchamp through Hervé,*

The Architecture Gallery, Southern Polytechnic State University, Marietta, États-Unis.
Architettura in immagini. Lucien Hervé fotografa Le Corbusier, Palazzo Te, Mantoue, Italie.
Lucien Hervé, Vintage Galéria, Budapest.

2010. *Donation Lucien Hervé,* centre national d'art et de culture Georges-Pompidou, Paris.
Il aurait cent ans et quelle modernité, Galerie du Jour – agnès b., Paris.
Lucien Hervé, sculpteur d'images, Keitelman Gallery, Bruxelles.
Lucien Hervé 100, musée des Beaux-Arts, Budapest.
Elkán László rentre chez lui. Lucien Hervé 100, musée Emlékpont, Hódmezővásárhely, Hongrie.

2011. *Vivants,* maison de la photographie Robert-Doisneau, Gentilly, France.

2012. *Lucien Hervé – Contacts,* galerie Camera Obscura, Paris.

Expositions collectives

1989. *Architecture 13 sur 13,* mairie du 13e arrondissement, Paris.
La Tour Eiffel, musée de l'Élysée, Lausanne, Suisse.
Architecture en image, galerie Viviane Esders, Paris.

1991. *Fnac et sa collection,* galerie municipale du Château d'Eau, Toulouse, France.
Tours du monde de Babel à nos jours, tour Eiffel, Paris (commissaire Viviane Esders).

1992. *La Photographie humaniste,* Bibliothèque historique de la ville de Paris.

2000. *Lucien Hervé – Rodolf Hervé,* Szent István Király Múzeum Új Magyar Képtár, Székesfehérvár, Hongrie.
Architecture and Other Work (avec Ezra Stoller), Ariel Meyerowitz Gallery, New York.

2003. *Lucien Hervé/Anna Mark*, Hôtel des Arts, Toulon, France.
Le Havre, nouvelles images. Sur les traces de Lucien Hervé, musée Malraux, Le Havre, France.
Architecture Abstraction (avec Rodolf Hervé), École d'architecture de Bretagne, Rennes, France.

2005. *Trois photographes humanistes* (avec Frédéric Barzilay et Willy Ronis), musée Carnavalet, Paris.

2006. *Du minimal dans la photo. D'architectures des origines à nos jours* (avec Auguste Salzmann et James Casebere), Galerie 54, Paris.
Le Corbusier à Chandigarh 1951-2006 (avec Stéphane Couturier et Diwan Manna), musée des Beaux-Arts, Tourcoing, France ; musée Malraux, Le Havre, France (2007) ; Museu de Arte Contemporânea de Niterói, Brésil (2009).

2008. Illana Sonnabend Gallery, New York (photographies : Lucien Hervé ; mobilier : Jean Prouvé).

2011. *Eyes on Paris – albums photographiques sur Paris de 1890 à nos jours*, Deichtorhallen, Hambourg, Allemagne.

2012. *Construire l'image : Le Corbusier et la photographie*, musée des Beaux-Arts, La Chaux-de-Fonds, Suisse.

Expositions de peintures

1942. Salon d'automne, Paris (exposition collective).

1943. 3ᵉ Grand Salon de printemps, Monte-Carlo (exposition collective).
Lucien Elkán, galerie Compte, Grenoble, France.
Salon d'automne, Paris (exposition collective).

1944. Salon de la Résistance, musée d'Art moderne, Paris (exposition collective).

1947. *Lucien Hervé*, galerie Roux-Hentschel, Paris.

1948. *Lucien Hervé*, Müvész Galéria, Budapest.

ŒUVRES EN COLLECTIONS PUBLIQUES

Albertina, Vienne ; Bibliothèque nationale de France, Paris ; centre canadien d'Architecture, Montréal, Canada ; centre national d'art et de culture Georges-Pompidou, Paris ; Fondation Le Corbusier, Paris ; Hôtel des Arts, centre méditerranéen d'Art, conseil général du Var, Toulon, France ; Kahitsuka Kyoto Museum of Contemporary Art, Kyoto, Japon ; Kassák Múzeum, Budapest ; Magyar Fotográfiai Múzeum, Kecskemét, Hongrie ; musée Carnavalet, Paris ; musée d'Art moderne de la ville de Paris ; musée de l'Élysée, Lausanne, Suisse ; musée de la Photographie, Charleroi, Belgique ; musée Galliera, musée de la Mode de la ville de Paris ; musée Malraux, Le Havre, France ; musée Matisse, Nice, France ; musée Nicéphore-Niépce, Chalon-sur-Saône, France ; musée Réattu, Arles, France ; Suomen Rakennustaiteen Museo, Helsinki ; Szépművészeti Múzeum, Budapest ; Taisei Corporation, Tokyo ; The Getty Research Institute, Los Angeles, États-Unis ; Tornyai János Múzeum, Hódmezővásárhely, Hongrie ; Victoria & Albert Museum, Londres.

L'éditeur tient à remercier la Fondation Le Corbusier pour le soutien qu'elle a apporté à la présente édition.